비행 슈트

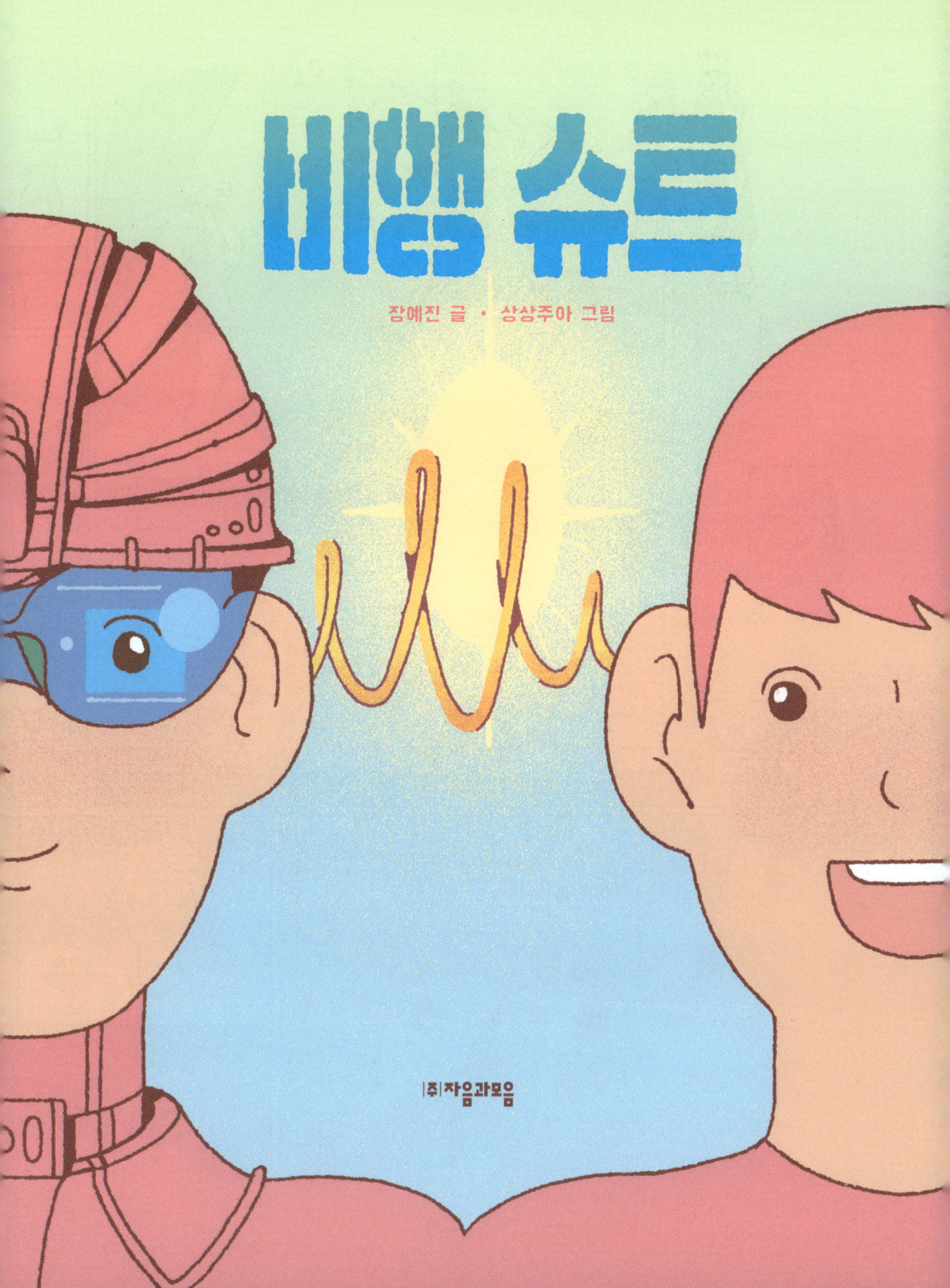

차례

01 우리 집을 움직이는 웨어러블 __6

02 내 몸을 진단하는 닥터 웨어러블 __14

03 스포츠냐 과학이냐 비상한 스포츠 웨어러블 __24

04 착용하기만 해도 데이터가 팡팡 __31

05 한계를 넘어서! 웨어러블 로봇 __38

06 꿈꾸고, 춤추고, 등반하라! 춤추는 로봇 발 __45

07 생각대로 이뤄지는 기적 __52

08 입으면 힘이 세지는 옷 __60

09 강철부대를 만드는 과학 군복 __68

10 잡히지 않는 불길은 없다 __76

11 메타버스, 더 생생하게! __84

12 몸속으로 들어간 초소형 알약 __92

작가의 말 __102

01
우리 집을 움직이는 웨어러블

"이건 너한테만 말하는 건데……. 우리 집에 귀신이 사는 것 같아."

뭐라고?

"집에 아무도 없는데 세탁기가 윙윙 돌아가. 어떤 때는 커튼이 스르륵 열리고, 에어컨이 제멋대로 작동하기도 해. 얼마나 으스스한 줄 알아?"

사실 우리는 집에 있는 물건과 한 몸이나 다름없어. 냉장고, 세탁기, 커튼하고도 말이야.

"어떻게 사람과 물건이 한 몸이 될 수 있어?"

그야 사물 인터넷 덕분이지.

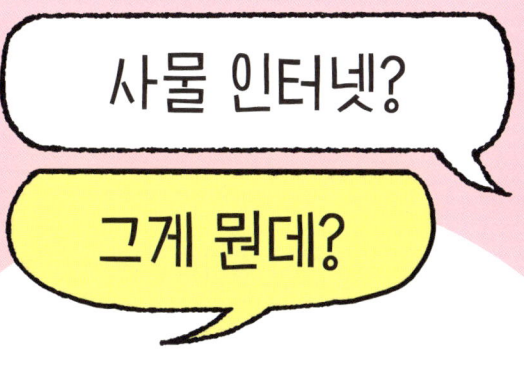

사물 인터넷?

그게 뭔데?

사물 인터넷은
물건, 사람, 공간을 연결해서
실시간으로 데이터를 주고받는
기술이나 환경을 뜻해.

"하지만 인터넷을 하려면 컴퓨터가 있어야 하잖아."

맞아. 그래서 냉장고나 스마트폰 속에는 아주 작은 컴퓨터가 숨어 있지. 센서, 칩, 트랜지스터 같은 것 말이야. 아주 작지만 중요한 부품이니 작다고 절대 무시하면 안 돼.

사실 컴퓨터는 투명 테이프만큼 얇아질 수도 있고, 지우개만큼 작아질 수도 있어. 바로 이 작은 컴퓨터를 통해 사람과 물건이 인터넷으로 정보를 주고받는 거야.

"건조기, 현관문에도 아주 작은 컴퓨터가 숨어 있다는 말이지?"

그래, 맞아.

그럼 우리 몸속에도 컴퓨터가 숨어 있다는 거야?

물론 그럴 수도 있지. 하지만 사람들 손에 뭐가 있는지 잘 봐. 뭐가 보여?

"음, 스마트폰?"

그래. 스마트폰이 있으면 어디서든 손쉽게 집 안에 있는 물건을 원격 조종할 수 있어.

"정말? 신기하다!"

머지않아 더 신기한 일도 생길걸.

만일 아침 뉴스에 쏟아지는 폭우로 인해 차가 막힌다는 소식이 나오면 평소보다 20분 일찍 네 스마트폰 알람이 울릴 거야. 알람이 울리는 즉시 커튼이 자동으로 열리고, 네 방 전등도 환하게 켜지겠지. 덕분에 너는 학교에 지각하지 않을 거야.

"우아! 정말 그런 일이 가능해?"

아직 놀라긴 일러. 네가 세수하고 머리를 감는 동안 오븐은 샌드위치를 먹기 좋은 온도로 데우고 있지. 가방을 메고 집을 나설 땐 혹여나 오븐을 켜 놓고 나온 건 아닐까 걱정할 필요도 없어. 네가 집을 나서면 알아서 전원이 꺼지거든.

"와, 정말 집 안에 있는 물건과 한 몸이 된 기분이야! 작동

버튼을 한 번도 누르지 않았는데 어떻게 그런 일이 가능해?"

사물 인터넷 덕분이지. 네 손목에 있는 작은 컴퓨터, 스마트 워치가 모든 걸 조종하는 거야. 이런 일이 가능한 시대를 초연결 사회라고 불러.

초연결 사회란

옷처럼 입고 신발처럼 신는 작은 컴퓨터가

온 세상을 연결하는 사회라는 뜻이야.

"아하! 스마트 워치처럼 말이지?"

맞아. 앞으로는 더 다양한 웨어러블 컴퓨터가 등장할 거야. 세상은 갈수록 편리해지겠지.

"미래에는 사탕처럼 빨아 먹는 달콤한 컴퓨터도 나올까? 그런 게 있다면 내가 당장 살 텐데!"

02

내 몸을 진단하는
닥터 웨어러블

"지금이 몇 시인 줄 알아? 어서 일어나. 지각하겠어!"
어제 잠을 못 잤단 말이야. 난 조금 더 자야겠어.
"드르렁드르렁 코까지 골았으면서 잠을 잘 못 잤다고?"
무슨 소리야? 난 어제 소음 때문에 잠을 설쳤단 말이야.
"에이, 거짓말! 어디 증거라도 있어?"

이 스마트 워치를 잘 봐! 어젯밤 얕은 수면 상태였다고 똑똑히 기록되어 있잖아.

"어라, 정말이네? 그런데 네가 얕은 수면 상태였다는 걸 스마트 워치가 어떻게 아는 거지?"

스마트 워치를 차고 잠들었기 때문이야. 웨어러블 컴퓨터는 착용만 해도 몸을 진단하는 의사나 마찬가지거든.

"눈도 손도 없는 작은 스마트 워치가 어떻게 네 몸을 진단한다는 거야?"

그야 센서 덕분이지!

센서는 열, 빛, 온도, 압력, 소리 같은 물체의 변화를 감지하는 부품이야.

사람이 지나갈 때 번쩍 켜지는 현관등, 손을 가져다 대면 저절로 물이 나오는 수도꼭지……. 센서가 없다면 모두 불가능한 일이야.

웨어러블 컴퓨터에도 미세한 움직임까지 예민하게 감지

하는 센서가 들어 있어.

한 가지 예를 들어 볼까? 네가 매일 착용하는 스마트 워치에도 각자의 역할을 담당하는 수많은 센서가 있어. 그중에서도 수면을 분석하는 센서는 가속도 센서와 광혈류 측정 센서야.

가속도 센서는 움직임을 파악하는 장치야. 자주 뒤척이고 움직임이 많을수록 '얕은 수면', 움직임이 적으면 '깊

은 수면'으로 인식하는 거야.

"아하, 움직임으로 수면 상태를 분석하는 거구나! 하지만 난 깊이 잠들어도 몸부림이 심한 편인데……."

물론 그런 사람도 있지. 그래서 더 섬세한 분석이 필요한 일은 광혈류 측정 센서가 담당해.

스마트 워치 뒷면에서 반짝이는 초록빛을 본 적 있어?

"당연하지! 피부와 닿는 부분에 있잖아."

지금 이 순간에도
광혈류 측정 센서는

초록 눈동자를 깜빡거리며

네 심박수를 측정하고 있어.

광혈류 측정 센서에서 나오는 **초록 불빛**은 혈관을 통과하거든. 혈액은 초록 불빛의 일부를 흡수하고 일부는 다시 반사해. 피가 흐르는 양을 혈류량이라고 부르는데, 혈류량이 많을수록 빛을 많이 흡수하고 적게 반사해. 혈류량이 적을수록 빛을 적게 흡수하고 많이 반사하는 거지. 이렇게 혈관을 투과한 빛으로 혈액의 양과 흐름을 관찰하면 심박수를 알아낼 수 있어.

그렇다면 혈류량이 많은 상태, 즉 혈액이 초록 불빛을 적게 반사하면 심박수는 빠를까, 느릴까?

"피가 많이 흐르니까 심장이 빨리 뛰지 않을까?"

맞았어! 얕은 수면 상태에서는 혈류량이 많아지면서 심장이 더 빨리 뛰고, 편안하고 깊은 잠에 빠지면 혈류량이 줄어들겠지. 이렇게 우리 몸을 측정하고 분석하면서 더 건강해지도록 돕는 거야.

웨어러블 컴퓨터,
닥터 웨어러블이라는 별명이
딱 맞네!

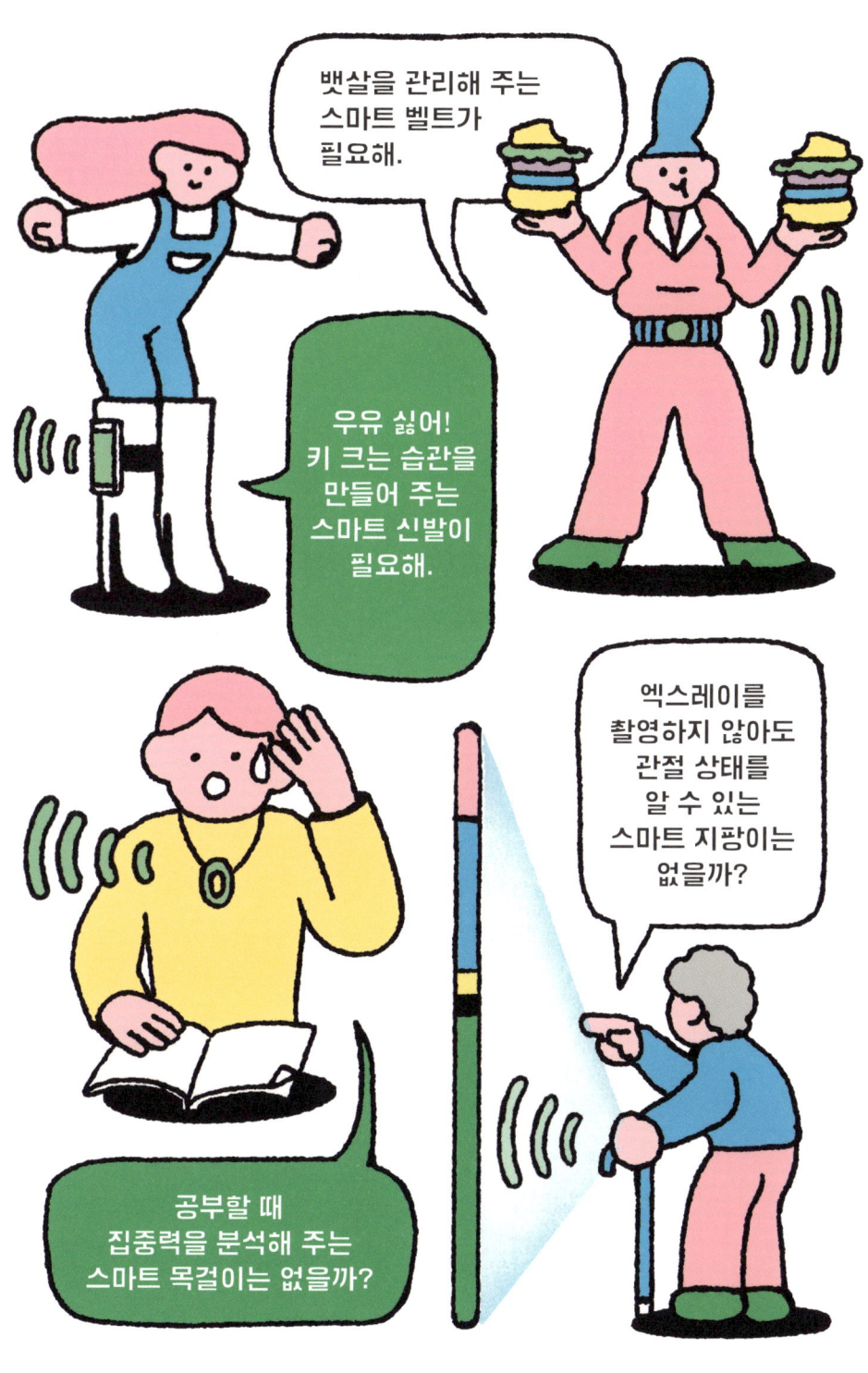

웨어러블 컴퓨터가 있으면 어디가 꼭 아프지 않아도, 평소에 자기 몸 상태를 잘 알고 건강을 관리할 수 있지. 그래서 사람들은 웨어러블 컴퓨터를 활용해 건강 정보를 수집하는 일에 관심이 많아. 덕분에 엄청난 컴퓨터들을 발명할 수 있었지!

예를 들어 안구에 착용하는 스마트 렌즈는 눈물 속에 흐르는 호르몬을 측정해 스트레스 수치를 진단할 수 있어.

"스트레스는 만병의 근원이라는데……. 스마트 렌즈가 있으면 스트레스는 물론 건강을 관리하기에도 아주 좋겠네?"

당연하지.

컴퓨터를 착용하는 것만으로 나만의 건강 일기를 완성 할 수 있어!

미래에는 병원에 가서 내 웨어러블 컴퓨터에 축적된 건강 데이터를 보여 주기만 하면 돼. 그럼 AI 로봇 의사가 네가 어느 부위가 아파서 왔는지 금방 파악할 수 있겠지?

나만의 건강 데이터를 활용하면
더 정확하게 진단하고,
빠르게 치료할 수 있겠네!

그래. AI 로봇 의사는 말로 설명하는 것보다 정확한 데이터를 더 잘 알아볼 테니까 말이야!

03
스포츠냐 과학이냐 비상한 스포츠 웨어러블

"한 경기에서 다섯 골이나 넣다니 실력이 대단한걸? 그런데 유니폼 안에 입은 그 까만 조끼는 뭐야? 이상하니까 얼른 벗어!"

이건 이상한 조끼가 아니라 비상한 **스포츠 웨어러블 컴퓨터**야. 이 조끼가 없었다면 다섯 골은커녕 한 골도 넣지 못했을 거야.

> 뭐? 이상한 까만 조끼가 웨어러블 컴퓨터라고?

그래. 선수의 경기 능력을 분석하는 웨어러블 컴퓨터야. 조끼 뒷목 부분에 주머니가 있는데, 이 주머니에 선수의 경기력을 측정하는 작은 단말기가 들어 있어.

"경기에 집중해서 거북 목이 된 줄 알았는데, 단말기 때문이었구나!"

조끼에 장착된 단말기는 손바닥보다도 작고 가벼워. 아주 작은 주머니에도 쏙 들어갈 정도지. 전자 성능 추적 시스템(EPTS, Electronic Performance & Tracking System)이라는 건데, 선수가 경기장 어디에서 어떻게 뛰는지 실시간으로 데이터

를 쌓으며 분석하는 아주 중요한 기기야.

"오잉? 이렇게나 작은 단말기가 그렇게 중요하단 말이야?"

작다고 얕보면 안 돼! **GPS**(GPS, Global positioning system)나 **가속도 센서**, **심박 센서**처럼 중요한 장치가 잔뜩 들어 있으니까!

"GPS가 들어 있다고? 드론이나 내비게이션에 활용하는 기술 말이야?"

GPS가 인공위성에서 보내는 전파를 활용해 물체의 정확한 위치를 파악하는 시스템이라는 건 알지?

스포츠 웨어러블에 사용하는 GPS는 평범한 GPS가 아니야. **초광대역 이동통신 기술**을 활용하지. 통신이 뚝뚝 끊어져서 위치가 어디인지 알았다 몰랐다 하면 안 되잖아. 이 기술을 활용하면 더 넓게, 더 멀리까지 끊기지 않고 데이터를 주고받을 수 있어. 아주아주 먼 우주에 떠다니는 인공위성이 선수의 움직임과 위치를 파악해 전송해 주는 거야.

"멋지다. 아주 먼 곳에서도 선수만 졸졸 따라다니는 관찰 카메라 같은 거구나?"

오호, 그렇게도 볼 수 있겠네.

GPS뿐 아니라 가속도 센서와 자이로스코프 센서의 기능도 대단해.

가속도 센서는 선수가 달려 나간 방향과 기울기, 속도 등을 측정하는 센서야. 전력 질주 구간과 그 횟수 등을 파악하지. 자이로스코프 센서는 선수들의 방향 전환 방식과 균형 감각을 파악해. 이처럼 스포츠 웨어러블을 활용하면 심박수와 속도는 물론이고 슈팅 횟수, 패스 성공률 등 무려 400가지나 되는 정보를 수집할 수 있어.

"400가지나? 그렇게 많은 데이터를 모아서 뭘 하는데?"

웨어러블 조끼가 전송한 데이터를 분석하면 선수의 경기력을 실시간으로 정확하게 측정할 수 있지. 정확한 데이터를 활용해 멋진 경기를 펼칠 수 있도록 전략을 세우는 거야.

> 정확한 데이터를 활용한 과학 축구!
> 이제 누구나 국가대표처럼
> 축구를 잘할 수 있겠네!

게다가 스포츠 웨어러블을 잘 활용하면 부상을 예방할 수도 있어. 축구 할 때 가장 많이 다치는 때는 언제일까?

"음, 선수가 지쳤을 때?"

그래, 맞아. 평소 10킬로미터를 뛰던 사람이 오늘 15킬로미터를 뛰었다면 힘들어서 다칠 확률이 높아지겠지? 그럴 땐 웨어러블 컴퓨터로 모은 데이터를 분석해서 선수를 교체하고 부상을 막을 수 있어.

경기력은 높이고 부상도 막는 비상한 조끼!
정말 꼭 필요한 스포츠 웨어러블이네!

04
착용하기만 해도 데이터가 팡팡

"새로 산 스마트 신발이 그렇게 좋아? 언제까지 가만히 서서 신발만 보고 있을 거야! 이제 놀러 나가자니까!"

지금 나는 그냥 서 있는 게 아니야. 나만의 데이터를 생성하는 중이라고!

"뭐라고? 가만히 서 있는 것만으로도 데이터를 생성할 수 있다는 거야?"

웨어러블 신발은 내가 걷는 자세와 이동 거리, 운동량을 파악하거든.

"하지만 나는 데이터를 쌓는 것보다 놀러 가는 게 훨씬 좋단 말이야!"

하지만 지금 너도 너만의 데이터를 만들어 내고 있는걸?

"그게 무슨 말이야? 내가 지금 데이터를 만들고 있다니?"

스마트 워치 같은 웨어러블을

착용하는 것만으로도

엄청난 데이터가 쌓이지.

웨어러블 컴퓨터가 감지한

심박수, 목소리, 움직임…….

그 모든 것이

나만의 무한한 데이터가 되는 거야!

"그렇다면 너와 이야기를 나누는 이 순간에도 엄청난 양의 데이터가 쌓이고 있겠네?"

그렇지. 한 사람이 하루에 만들어 내는 데이터의 양은 상상을 초월해. 그 양이 얼마나 어마어마한지 '빅(BIG)'이라는 단어를 붙여 부를 정도니까.

그게 바로 세상을 바꿀 보물 창고 빅(BIG)+데이터(DATA)라는 거야!

네가 스마트 신발을 신고 매일 달리기를 하면, 어떤 자세로 걸을 때 가장 빠른지 어떤 속도로 걸을 때 가장 편안한지 데이터가 쌓일 거야.

네가 축구 할 때도 어떤 발로 골을 넣는지 패스할 때 자세는 어떤지, 그 모든 것이 데이터로 남겠지?

그뿐이야? 네가 전날 무얼 먹었을 때 기분이 가장 좋았는지 언제 누굴 만났을 때 가슴이 콩닥콩닥 뛰었는지 네게 가장 잘 어울리는 옷은 무엇인지, 너도 모르는 너의 모든 것을 알 수 있다니까!

"웨어러블 컴퓨터에 나만의 데이터가 쌓이면 몰랐던 나의 모습까지 알게 되는구나! 그런데 그 데이터로 뭘 할 수 있는데? 자세히 좀 말해 봐!"

수집한 데이터를 활용하면 네가 무엇을 배우든 더욱 빠른 속도로 발전할 거야. 너의 습관이나 건강 상태는 물론 네가 어떤 걸 잘하는지 어떤 걸 고쳐야 하는지, 금세 파악할 수 있으니까 말이야. 무엇보다 가장 좋은 점은 네가 진짜 원하는 게 무엇인지, 네가 가장 잘하는 게 무엇인지 알 수 있다는 거야. 미래에도 자신을 잘 안다는 건 큰 힘이자 무엇과도 바꿀 수 없는 자산이 될 테니까.

"네 말을 듣고 보니 데이터, 그거 정말 **보물 상자** 맞네!"

데이터를 쌓기 위해
뭐부터 시작해야 할까?
벌써 너무 늦은 건 아니겠지?

뭘 걱정하는 거야!

웨어러블을 착용하고
데이터를 쌓으면

이미 너는 미래의 주인공이
될 준비를 마친 거라고!

05

한계를 넘어서!
웨어러블 로봇

"와, 이 멋진 로봇들은 뭐지? 이 로봇들도 웨어러블 컴퓨터일까? 지금까지 봤던 것보다 훨씬 크고 단단해 보이는데?"

이 로봇들도 웨어러블 컴퓨터가 맞아. 입고 벗는 것은 물론이고 몸에 끼우고 뺄 수도 있는 첨단 **웨어러블 로봇**이지.

"오, 로봇을 입을 수도 있다니. 나도 한번 입어 보고 싶다!"

웨어러블 로봇을 착용하면 무거운 물건을 쉽고 안전하게 들 수 있고 신체 기능을 보완할 수도 있어.

"오호, 움직임이 불편한 장애인이나 노인에게도 큰 도움이 되겠는데?"

> 웨어러블 로봇이 정말 인간의 신체를 완벽하게 보조할 수 있을까?

걷는 게 불편한 장애인이 웨어러블 로봇을 착용하면 비장애인 평균 보행 속도와 비슷한 속도로 걸을 수 있어. 휠체어로 다니기 어려운 계단이나 가파른 경사로도 다닐 수 있지.

이뿐만이 아니야. 잘못된 자세로 오래 걸으면 몸이 여기저기 아프겠지? 웨어러블 로봇은 센서로 착용자의 걸음걸이와 습관을 파악한 다음 가장 적합한 보행 패턴을 알려 주기도 해. 먼 거리를 걸어도 피곤함이 덜하도록 말이야.

게다가 인공지능을 탑재한 웨어러블 로봇은 무릎, 어깨, 허리 같은 착용 부위 주변의 근육 상태를 파악해 다친 몸을 회복하도록 도와줘. 맞춤 운동 프로그램을 가동해서 재활에 도움을 주거나 적당한 전기 자극으로 치료 효과를 볼 수 있게 하는 거지.

하지만 웨어러블 로봇이 꼭 장애인과 노인에게만 도움이 되는 건 아냐. 운동선수가 훈련할 때 다치지 않고 더 큰 힘을 쓸 수 있도록 돕고, 무거운 것을 들 때 몸을 안전하게 보호하고, 자신이 가진 힘보다 훨씬 더 큰 힘을 낼 수 있게 해. 네가 만약 맨몸으로 책 10권을 들 수 있다면 웨어러블 로봇을 입으면 50권쯤 들 수 있겠지?

> 웨어러블 로봇을 입으면
> 매일매일 한계를 넘어
> 새로운 세상을 만날 수 있을 거야!

"하지만 기능이 뛰어난 만큼 비싸 보이는데……. 부자가 아닌 사람들도 웨어러블 로봇을 부담 없이 착용할 수 있는 날이 올까? 특히 맞춤형 로봇이라면 착용자의 몸에 꼭 들어맞아야 하고, 원하는 기능도 저마다 다를 것 같아. 필요한 부위나 디자인도 다 다를 텐데, 그렇다면 몹시 비싸지 않을까?"

음, 그렇지. 하지만 걱정하지 마. 지금보다 싸고 편리하게 맞춤형 로봇을 살 수 있는 시대가 머지않았으니까!

"그게 정말이야?"

장난감 조립 블록에 정답이 있어. 장난감 블록처럼 원하는 부품으로 손쉽게 조립할 수 있는 로봇을 생각해 낸 거지. 필요한 부위와 착용자의 체형, 기능에 맞는 부품을 고르고 조립해서 착용할 수 있도록 하는 거야.

"그게 가능하다고? 어떻게?"

부품을 작은 단위까지 분리해서 제작하면 돼.

"웨어러블 로봇 부품을 손쉽게 구매하고, 편리하게 조립할 수 있다는 말이지?"

맞아. 게다가 신체에 변화가 생기면 나에게 더 잘 맞는 부품으로 언제든 교체할 수도 있어. 작년보다 키가 많이 자랐다면 더 길고 큰 부품으로, 부착하는 부분이 느슨해졌으면 새 부품으로, 더 좋은 성능을 원한다면 더 높은 버전의 상품으로 손쉽게 조립해서 착용하는 거지. 그렇게 하면 언제나

내 몸에 꼭 맞는 웨어러블 로봇을 입을 수 있겠지?

"좋아하는 색으로 디자인된 부품을 조립해 나만의 커스텀 웨어러블 로봇을 만들 수도 있겠는데?"

맞아. 게다가 부품을 대량으로 생산할 수 있으니 지금보다 가격도 훨씬 싸지겠지?

"한계를 넘어 누구나 자유롭고 안전하게 살아갈 수 있는 웨어러블 세상이 눈앞까지 와 있는 것 같아!"

곧 많은 사람이 일상적으로 웨어러블 로봇을 착용하고 불편함 없이 사용하는 날이 올 거야!

06
꿈꾸고, 춤추고, 등반하라!
춤추는 로봇 발

"우아, 무용수들 실력이 정말 대단하다! 정말 감동적인 춤사위야. 공연을 보는 내내 눈물이 다 날 뻔했다니까."

그래? 그런데 저 무용가들이 웨어러블 로봇인 최첨단 전자 의족을 착용했다는 사실, 알고 있었어?

"그게 정말이야? 전자 의족을 저렇게 자기 몸처럼 유연하게 움직이면서 춤을 출 수 있다고? 이제 뻣뻣하게 움직이는 사람을 로봇에 비유해선 안 되겠네."

그렇지. 춤추는 것은 물론이고 자신의 의지대로 자유롭게 움직일 수 있는 웨어러블 로봇이 있으니까 말이야.

> 그런데 웨어러블 로봇인
> 첨단 전자 의족은 평범한 의족과
> 어떤 점이 다를까?

첨단 전자 의족은 착용자가 이질감이나 불편함을 느끼지 않도록 결합 부분에 인조 피부를 이식해. 실제 자기 몸처럼 완전하게 결합할 수 있게 만드는 거야. 잘 맞지 않는 신발을 신으면 발에 물집이 잡히거나 상처가 나기도 하지? 그런 일이 일어나지 않도록 말이야.

이식한 인조 피부에는 센서와 스마트 기기를 넣는데, 착용자의 움직임에 따라 전압을 제어하면서 피부를 말랑하게 하거나 딱딱하게 만들어. 동작에 따라 피부의 탄성도 달라지거든.

힘껏 달릴 때는 몸이 압력을 받기 때문에 적당한 전압을 넣어 피부를 단단하게 만들고, 걸을 때는 전압을 줄여 피부를 유연하고 부드럽게 만들어. 춤을 출 때는 동작이 계속 바뀌니 피부 탄성도 계속 달라지겠지?

"아! 그럼 춤을 출 때는 동작에 따라 전압을 계속 바꿔 줘야겠구나. 그래야 움직임이 자연스러울 테고!"

맞아. 하지만 인체가 자연스럽게 움직이기 위해서는 피부뿐 아니라 근육과 뼈의 역할도 중요해.

첨단 전자 의족에는 인간이 동작을 취할 때 근육과 뼈가 어떻게 움직이는지 연구한 수많은 데이터가 내장되어 있어. 동작마다 발목과 무릎, 엉덩이 같은 부위에 가해지는 힘을 수학 공식으로 만들어 넣은 칩이 들어 있지.

무용수의 근육과 힘을 분석하고 운동선수의 움직임을 연

구한 데이터가 들어 있는 이 칩은 인간이 가장 편안하고 자연스럽게 움직일 수 있도록 전자 의족을 정밀하게 제어할 수 있어.

피부와 근육, 뼈의 움직임까지 재현한 첨단 전자 의족이라니, 과학의 힘은 정말 대단하구나!

이 첨단 의족에는 정말 중요한 비밀이 하나 더 있는데, 바로 의족이 인체와 소통하는 방식이야.

인체와 전자 의족이 소통할 수 있다고?

그런 일이 가능해?

당연하지. 착용자가 원하는 대로 움직일 수 없다면, 어떻게 춤을 추고 원하는 곳으로 이동할 수 있겠어?

"오호, 듣고 보니 정말 그렇네! 그럼 어떻게 해야 하지?"

먼저 착용자가 바라는 대로 의족이 움직일 수 있도록 착용자의 다리 근육에 전자 센서를 부착해. 센서는 뇌에서 다리 근육에 전달되는 신경 신호를 측정해 착용자의 의도를 파악하지. 그리고 마침내 센서가 내보내는 신호에 따라 의족이 움직이는 거야.

이렇게 생체 기관을 연구하고, 그 기능과 방식을 기술에 응용하는 학문을 생체 공학 또는 바이오 공학이라고 해.

바이오 공학이란

사람의 몸을 연구해서

사람의 몸과 같은 기능을 하는

기계를 만드는 기술을 뜻하는구나!

사고로 다리를 잃은 무용수도, 동상에 걸린 등반가도, 생체 공학 덕분에 다시 멋진 꿈을 꿀 수 있게 되었어. 인간과 기술이 공존하며 멋진 일이 벌어진 거야!

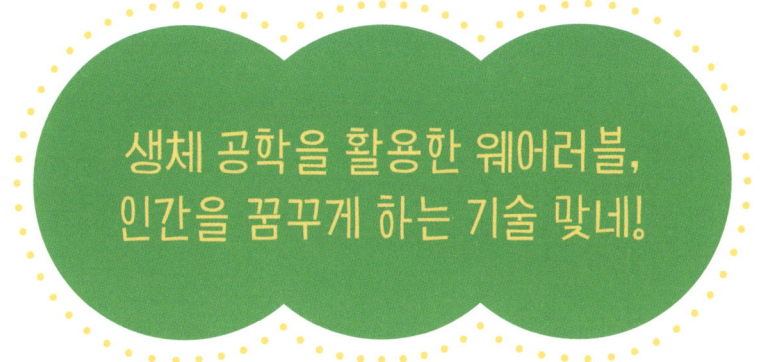

생체 공학을 활용한 웨어러블,
인간을 꿈꾸게 하는 기술 맞네!

07
생각대로 이뤄지는 기적

"오잉? 그 이상한 헬멧은 뭐야? 안전을 위해 쓴 것 같지는 않은데……."

이것은 이상한 헬멧이 아니라 뇌파를 수집하는 웨어러블 컴퓨터야. 이 헬멧을 쓰면 헬멧에 장착된 칩에 뇌파 데이터가 기록돼.

"뇌파 데이터 수집? 그런 걸 왜 하는데?"

말하지 않아도 버튼을 누르지 않아도, 모든 게 척척 이뤄지는 세상이 찾아왔기 때문이지.

"뭐라고? 기적이 이뤄졌다는 거야?"

그래. 네가 말한 이 이상한 헬멧이 기적을 만드는 웨어러블이란 말씀! 이 헬멧에 저장된 수많은 뇌파 데이터 덕분에 세상이 변하고 있으니까 말이야.

"그 이상한 헬멧과 뇌파 데이터가 세상을 변화시킨다니 그게 무슨 소리야?"

첨단 전자 의족이나 다리 근육을 보조하는 웨어러블 로봇이 신체적 약자에게 도움을 준다는 사실, 기억하지?

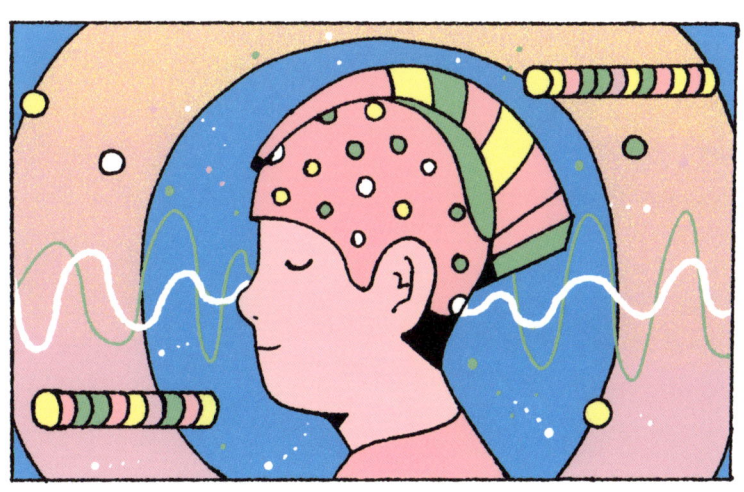

> 이런 웨어러블 로봇이
> 진짜 우리 몸처럼 움직이기 위해
> 가장 필요한 것은 무엇일까?

버튼을 누르거나 명령하지 않아도 착용한 사람이 원하는 대로 움직이는 능력 아닐까? 실제 우리 몸처럼 말이야.

"그럼 웨어러블 헬멧이 내 생각을 읽을 수 있다는 거야?"

그렇다니까!

"말도 안 돼. 어떻게 그런 일이 가능하지?"

뇌파 덕분이지. 인간의 뇌 속에는 **뉴런**이라는 뇌세포가 약 1000억 개 정도 있는데, 이 수많은 **뉴런은 아주아주 복잡한 형태로 연결**되어 있어. 인체는 외부 자극을 받는 순간 전기가 발생하는데, 보고 듣고 먹고 만질 때 생긴 전기 신호는 뇌에 빠르게 전달돼.

"전기 신호? 그럼 뇌 속에 있는 1000억 개의 뇌세포가 깜짝 놀라겠네?"

복잡한 구조로 연결된 수많은 뇌세포가

전기를 주고받으며 파동을 일으키기 시작해.

이 파동을 뇌파라고 부르는데

헬멧이 이 뇌파 데이터를 수집한다는 말씀!

"음, 아직 잘 모르겠어. 뇌파를 수집하면 뭐가 좋은데?"

사실 뇌파에는 아주아주 중요한 비밀이 숨어 있어. 뇌파는 같은 것을 보거나 들을 때 또는 같은 음식을 먹을 때 비슷한 패턴으로 움직인다는 거야.

"아하! 피자 볼 때와 아이스크림 볼 때의 뇌파는 서로 다르지만, 아침에 피자를 볼 때와 점심에 피자를 볼 때 두 뇌파는 비슷하다는 거네?"

맞았어. 이렇게 사물에 따라 다르게 반응하는 뇌파 데이터를 수집하면 나만의 뇌파 사전이 만들어지겠지?

인간의 뇌 속 깊숙한 곳에 있는 뇌세포의 움직임을 도대체 어떻게 측정한다는 거야?

헬멧 안쪽에 뇌파를 감지하는 수십 개의 전극이 붙어 있거든. 헬멧을 착용하고 활동하는 동안 두피와 접촉한 전극을 통해 전류를 증폭시켜 뇌파의 변화를 감지하는 거지.

그렇게 수집한 뇌파 데이터를 컴퓨터에 계속 전달하는 거야. 그럼 컴퓨터는 전달받은 방대한 뇌파 데이터를 활용해서 스스로 공부를 시작해.

컴퓨터 스스로 공부하면서 뇌파 백과사전을 만드는 거지. 이렇게 인공지능이 스스로 공부하는 기술을 딥 러닝이라고 불러.

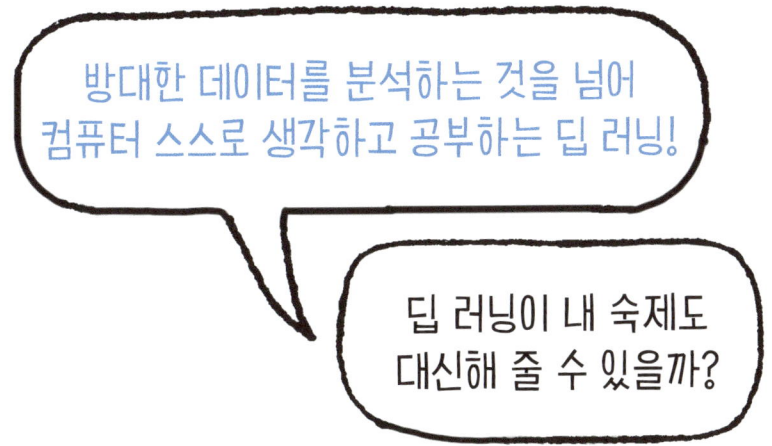

"시키지도 않고 알려 주지 않아도 그 많은 내용을 스스로 공부하다니……. 인공지능은 참 부지런하고 똑똑한 친구네."

부지런한 컴퓨터가 딥 러닝으로 만든 뇌파 사전을 칩에 저장한 다음, 이 칩을 웨어러블 로봇에 장착하면 어떻게 될까? 착용자의 생각을 읽을 수 있는 거지.

착용자가 뇌파를 보내면 웨어러블 로봇이 뇌파 패턴을 분석해 착용자가 어떤 생각을 하는지 칩 속에서 재빠르게 찾아내 반응하는 거야.

"다리가 불편한 사람도 웨어러블 로봇을 입으면 생각만으로 축구공을 멀리 뻥 차 버릴 수도 있겠네?"

그야 당연하지.

"인간의 뇌와 웨어러블 로봇이 정말 한 몸으로 연결된 거구나! 그럼 머지않아 생각만으로 모든 기기를 작동할 수 있는 날도 오겠군!"

당연하지. 이 이상한 헬멧이 수집한 뇌파 데이터가 세상을 바꿀 날이 코앞으로 다가왔다니까!

08

입으면 힘이 세지는 옷

"와! 그 외투 정말 잘 어울린다! 못 보던 옷인데 새로 산 거야?"

어제 새로 출시된 강화 외투야. **강화 의복**을 입으면 내 몸무게보다도 훨씬 무거운 짐을 쉽게 들어 올릴 수 있어.

"겉으로 보기엔 그냥 평범한 옷처럼 보이는데, 이 옷들이 너를 강하게 만들어 준다고?"

그래. 얼핏 보면 일상복처럼 보이는 이 옷도 웨어러블 컴퓨터의 한 종류야. **의복형 웨어러블** 기술이 발전하면서 편리하고 손쉽게 신체 능력을 강화할 수 있게 되었어.

"에이, 너무 가볍고 간단해 보여. 막상 입으면 아무런 기능도 못하는 거 아니야?"

이제 사람들은 복잡하고 거추장스러운 것을 좋아하지 않아. 그래서 웨어러블도 일상에서 손쉽게 활용할 수 있도록 가볍고 편리하게 변하고 있지.

의복형 웨어러블은 일상복처럼 보이면서 신체 기능을 보완해.

"어라? 하지만 아무리 봐도 기계나 컴퓨터 부품 같은 건 전혀 보이지 않는데?"

형상 기억 합금을 얇은 실로 가공하는 기술 덕분이야.

형상 기억 합금이란 쭉 늘어났다가도 손을 떼면 원래대로 돌아오는 스프링처럼 다시 원상태로 돌아가려는 성질을 지닌 금속을 말해.

"하지만 금속이라면 옷으로 만들기에는 너무 무겁지 않을까? 옷은 가벼울수록 움직이기 좋잖아."

형상 기억 합금을 가공해 실로 만들면 돼. 형상 기억 합금을 가공한 금속 실을 돌돌 말아서 스프링처럼 만들고, 그 스프링 다발을 천 조각에 넣어 근육 옷감을 만드는 거야. 근육 옷감은 실제 옷감처럼 자르거나 접을 수 있고 아주 가볍기까지 하지. 어른 손바닥 크기의 옷감이 종이컵 한 개 무게밖에 안 되거든.

이 옷감을 힘이 필요한 부위에 부착하면 착용자의 근력과 힘을 보조해 줘. 근육 옷감 자체가 웨어러블 로봇인 셈이지.

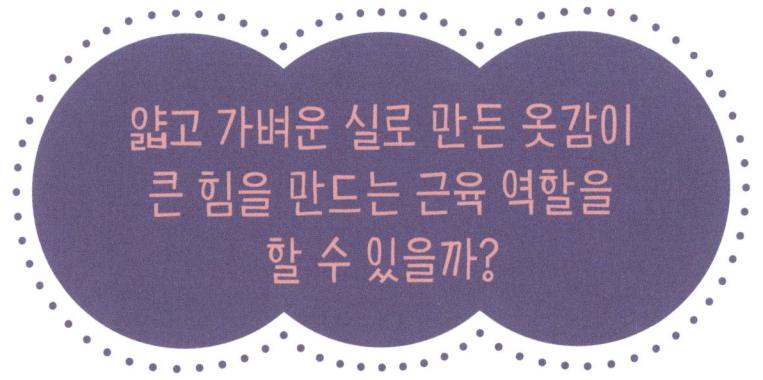

얇고 가벼운 실로 만든 옷감이 큰 힘을 만드는 근육 역할을 할 수 있을까?

근육이 수축과 이완을 반복하는 것처럼 이 옷감도 이완했다가 다시 수축하면서 힘을 발휘해. 형상 기억 합금은 형태가 바뀔 때보다 원래 모양으로 돌아갈 때 훨씬 큰 힘이 생기거든.

이 옷감에는 온도를 조절하는 전원 장치가 내장되어 있는데, 형상 기억 합금으로 만든 실이 온도에 따라 수축하는 성질을 이용하기 위해서야. 전원 장치를 켜서 옷감에 열을 가하면 늘어났던 실이 다시 원래 모양으로 돌아가며 빠르게 수축하는 거지.

실이 얇을수록 열에 반응하는 속도도 빨라지겠지? 그래서 실을 얇게 만드는 기술이 중요한 거야.

"아하, 그래서 무거운 물건도 가볍게 번쩍 들 수 있었구나. 게다가 전원 장치까지 있으니 필요할 때만 작동하면 전력을 아끼며 오래 쓸 수 있겠네!"

무겁고 단단한 금속이 가볍고 유연한
실이 되고 근육 옷이 되다니!
과학은 정말 어마어마하구나!

전에 옷 가게에서 봤던 **외골격 웨어러블 로봇**과 달리 웨어러블인지 평범한 옷인지 구분하기 어려운 **의복형 웨어러블**은 조작 방식이 복잡하거나 무겁지 않아서 가정이나 일터에서도 많은 사람이 입고 있어. 게다가 맞춤형 웨어러블 로봇보다 더 빠르게 생산할 수 있다는 장점도 있지.

"말을 듣고 보니, 네 외투뿐 아니라 바지도 심상치 않아 보이는데?"

이제 눈치챈 거야? 이 바지도 의복형 웨어러블이야. 평소에는 평범한 바지처럼 보이지만, 필요할 때는 각도와 높이를 조절할 수 있는 마술 의자로 변신하거든. 이 의자는 착용자의 허리와 무릎을 보호하는 역할을 해.

> 한순간 바지가 의자로 변신한다고? 그런 마법 같은 일이 가능해?

웨어러블 바지에 숨겨진 마법 같은 원리가 궁금한 거구나?

바지에 내장된 센서는 착용자가 움직이려는 의도를 감지해. 센서는 고속 계산이 가능한 제어기에 감지한 데이터를 전송하지.

제어기는 데이터를 활용해 착용자에게 필요한 힘을 계산한 다음, 작동 장치에 전달해. 그렇게 바지의 다리 관절 부분에 내장된 작동 장치가 움직이면서 의자가 되는 거야.

> 의복형 웨어러블을 입으면 의자가 없는 데서도 앉을 수 있다니 이제 걷다가 다리 아플 일은 없겠군!

09
강철 부대를 만드는 과학 군복

"어라? 갑자기 이 수많은 군인이 어디서 나타난 거지? 분명 방금까지 주변에 아무도 없었는데 정말 이상하네?"

한참 전부터 군인들은 계속 우리 가까이 있었어. 다만 눈에 보이지 않았을 뿐이지.

"뭐라고? 주변에 있었는데 어떻게 안 보인다는 거야? 투명 망토라도 입은 거야?"

투명 망토는 아니지만, 투명 망토와 비슷한 위장용 웨어러블을 착용한 거야.

오징어나 문어, 카멜레온을 떠올려 봐. 천적의 공격을 피하려고 주변 환경에 맞춰 몸 색깔을 바꾸잖아.

군인들도 적들의 눈에 보이지 않게 위장하려고 주변에 따라 변하는 특수 소재 웨어러블을 입은 거야. 이 **위장용 웨어러블**을 착용하면 눈에 잘 보이지 않는 것은 물론, 적외선이나 열 추적 장비에도 감지되지 않거든.

"그런 소재가 이 세상에 존재한다고?"

위장용 웨어러블은 미세한 금이나 은을 가공해서 만들어. **나노 기술**로 아주 얇은 신소재를 만드는 거지.

나노 기술은 물질을 아주 미세하게 만들어 활용하는 첨단 기술이야. 나노미터는 10억분의 1미터를 뜻해.

1미터보다 10억 배 작은 단위지. 머리카락 굵기보다 10만 배 정도 얇다고 보면 되는데 눈에 보이지 않을 만큼 작아.

나노 기술로 만든 얇은 옷감 내부에는 온도와 빛에 예민하게 반응하는 아주 작은 전지와 색소가 수천 개나 들어 있어. 이 전지와 색소는 환경을 빠르게 감지하고 반응하면서 주변에 맞춰 옷감의 패턴과 색을 바꿔. 망토를 두르고 벽 앞에 서면 벽처럼 보이고, 풀숲에 누워 얇은 막을 덮으면 풀처럼 보이는 거야.

"신기하다! 게다가 그런 물건이 적외선이나 열 추적 장비에도 감지되지 않는다니, 저격수의 군복이나 은신처를 만들기 좋을 것 같아."

하지만 감탄하긴 아직 일러. 군인이 활용하는 웨어러블은 그게 다가 아니거든.

통신 기능을 장착한 **웨어러블 헬멧**은 더 똑똑하고 강력한 전투를 가능하게 해.

웨어러블 헬멧에는 GPS 수신기, 360도 관측 비디오카메라, 야간 투시 장비, 헤드폰 그리고 음성 인식 마이크가 들어 있어.

관측 카메라로는 사진과 영상을 촬영해 현장 상황을 본부에 보고할 수 있지. 본부에서는 위치 확인 시스템인 GPS 수신기를 통해 이 헬멧을 쓴 병사의 위치와 이동 상황을 실시간으로 확인할 수 있어.

"단순한 군복이 아니라 첨단 과학을 착용하는 거네!"

그뿐만이 아냐. 순간적으로 큰 힘을 발휘하거나 부상 부위를 치료할 수 있는 기능도 있는걸.

> 아무리 첨단 과학이라고 해도
> 웨어러블 군복을 입는 것만으로
> 정말 그런 일이 가능할까?

물론! 만일 전투 중 병사의 힘이 빠지면 **근육 군복**이 다시 움직일 수 있도록 몸에 힘을 불어넣을 거야.

근육은 몸이 보내는 신호에 따라 수축하거나 이완하면서 적절한 힘을 만들잖아. 근육 군복을 입은 군인이 주먹을 쥐었다 폈다 하면서 군복에 장착된 센서에 신호를 보내 전기를 통하게 하면, 실제 근육과 같은 원리로 군복이 힘을 만들어 내는 거야.

상처 부위에서 피가 흐를 땐 군복 내부에 촘촘하게 설치된 **바이오 센서**가 빠르게 반응하면서 군복이 상처 부위를 압박하는 지혈대 역할을 해.

그러는 사이 병사가 쓴 웨어러블 헬멧이 병사의 상태와 위치를 본부에 보고해서 빠르게 구출해 줄 거야!

꼭 헬멧이 아니더라도 군복 소매 단추에 무선 교신 마이크 기능을 갖춘 스마트 버튼이 있으니 이 버튼을 눌러서 내 상태를 직접 알릴 수도 있겠지.

또 다른 웨어러블 군복도 있어. 만일 네가 웨어러블 비행 슈트를 입고 있다면 본부까지 훨훨 날아갈 수 있을지도?

비행 슈트는 양팔과 등에
소형 비행 엔진을 단 웨어러블 로봇이야.

소형 엔진이라고 해서 결코 우습게 보면 안 돼. 팔과 등에 달린 엔진의 막강한 회전력 덕분에 어마어마한 바람을 일으키거든. 그 바람의 힘으로 공중을 날 수 있는 거지. 팔에 달린 엔진이 방향을 조종하고 속도를 조절하는 브레이크 역할까지 하니, 조종법을 익히기만 하면 여러 분야에서 아주 유용하게 쓰이겠지?

> 산에서 길을 잃은 사람을 구할 때도 아주 유용할 것 같아.

> 잠깐! 그런데 장비가 너무 무거워서 빠르게 날지 못하면 어떡하지?

그런 걱정은 하지 않아도 돼. 도보 4시간 거리의 산길을 단 7분 만에 왕복할 정도로 비행 슈트는 아주 빠르니까. 도로 위를 달리는 자동차보다 훨씬 빠르게 어디든 갈 수 있어.

게다가 비행 슈트는 비가 쏟아지는 날에도 날쌔고 튼튼하니 우리 일상에서 엄청난 역할을 할 날이 머지않았다고!

"학교 갈 때도 비행 슈트 입고 하늘을 날아서 가면 되겠다! 신나네! 얘들아, 비켜! 나, 착륙한다!"

10
잡히지 않는 불길은 없다

"어디에 불이 났다는 거야? 아무리 둘러봐도 고요하기만 하잖아."

무슨 소리야? 네가 오는 사이에 이미 불은 다 껐지.

"높은 건물에 큰불이 났다더니, 저 높은 건물을 뒤덮은 불길이 이렇게나 빨리 진압되었다고?"

모두 웨어러블 컴퓨터 덕분이라고 할 수 있지.

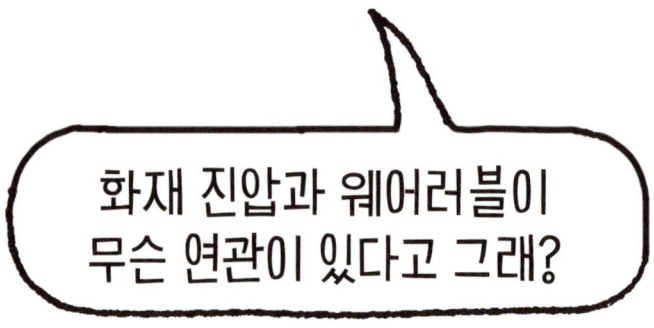

화재 진압과 웨어러블이 무슨 연관이 있다고 그래?

저 소방관을 자세히 봐. 어딘지 특별해 보이지 않아? 소방관이 착용한 복장과 장비 모두 첨단 웨어러블이거든.

"불길을 진압할 때도 웨어러블이 사용된다고? 그럼 저 소방관이 착용한 헬멧도 웨어러블일까?"

스마트 헬멧은 산소를 공급하고 실시간으로 정보를 전달하는 웨어러블이야. 일명 실시간 정보 통합형 헬멧!

사물과 사물 또는 사람과 사물을 한 몸처럼 연결하는 사물 인터넷 기억하지? 소방관의 스마트 헬멧에도 사물 인터넷 통신 기술이 탑재되어 있어. 다른 소방관과 자유롭게 통신하는 것은 물론이고 센서가 감지한 정보를 본부에 신속하게 전달하지. 센서는 화재 현장 온도나 가스 농도를 파악할 수 있으니 본부에서는 이 수치를 보고 실시간으로 판단하고 지시를 내릴 수 있겠지?

> 하지만 현장에 가득 찬 연기 때문에
> 장애물을 보지 못하면 어떡해?

그건 걱정하지 않아도 돼.

스마트 헬멧에는 주변 환경을 파악하고 거리를 측정하는 레이저 장치가 들어 있거든. 매캐하고 짙은 연기 속에서도 사람의 눈을 대신해 보이지 않는 곳까지 구석구석 알려 주는 거지.

이 레이저 장치가 파악한 현장의 모습을 헬멧에 달린 특수 고글을 통해 증강 현실로 보여 주는 거야.

> 오호, 그럼 연기 때문에 안 보여도 장애물을 피해 사람을 구조할 수 있겠네!

맞아. 소방관에게 꼭 필요한 헬멧이지. 하지만 이 헬멧이 전부는 아니야. 강한 불길 속에서 자신의 몸을 보호하고, 인명 구조에 도움을 주는 웨어러블 로봇을 착용하기도 하거든. 웨어러블 로봇을 입으면 어떻게 되는지 이제 잘 알고 있지?

"그야 당연하지! 사람의 원래 능력보다 훨씬 더 강한 힘을 낼 수 있잖아."

맞았어. 하지만 다른 점이 하나 있어. 소방관이 화재 진압할 때 착용하는 웨어러블 로봇은 유압식이거든.

"유압식? 그게 무슨 뜻인데?"

기름 유(油)＋누를 압(壓)
압력을 가한 기름의 힘으로 움직이는 웨어러블 로봇이야.

지금까지 살펴본 웨어러블 로봇이 대부분 전기로 움직였다면 유압식은 달라. 높은 압력을 가한 기름을 다시 밀어 올리는 힘으로 작동하거든. 이처럼 웨어러블 로봇은 구동 장치 종류에 따라 전기로 힘을 만드는 로봇과 압축한 기름으로 힘을 만드는 로봇으로 나뉘어.

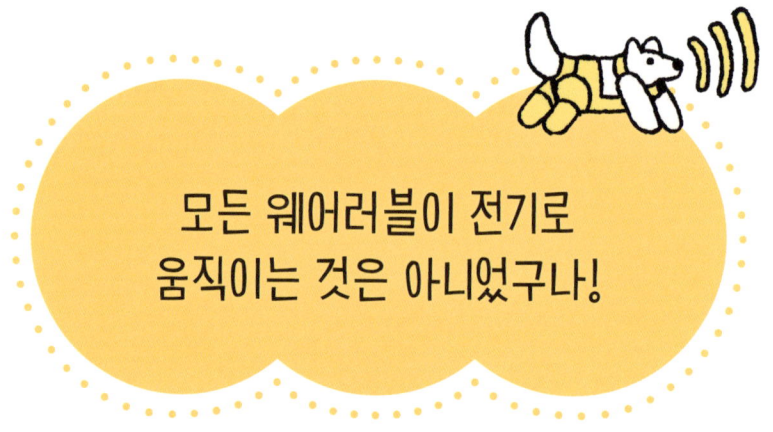

모든 웨어러블이 전기로 움직이는 것은 아니었구나!

"음, 그런데 소방관이 착용하는 웨어러블 로봇은 왜 유압식 구동 장치를 사용하는 걸까?"

두 개의 장치가 같은 크기일 때, 유압식 구동 장치가 전기 모터보다 더 큰 힘을 만들어 내기 때문이야. 유압식 웨어러블을 착용하면 전기식보다 훨씬 무거운 무게를 들어 올릴

만큼 강한 힘을 낼 수 있거든.

게다가 웨어러블 로봇이 다리 근육을 지지하기 때문에 원래 들 수 있는 무게보다 최대 50킬로그램을 더 들고도 시속 8킬로미터나 되는 속도로 움직일 수 있어.

"50킬로그램을 더 들 수 있다니 웨어러블을 착용하지 않았을 때보다 한 사람을 더 구조할 수 있겠네?"

맞아. 거대한 불길에 뛰어들 때 무거운 산소통을 한두 개 더 짊어질 수도 있겠지!

"하지만 아직 풀리지 않은 의문이 하나 있어. 이렇게 똑똑하고 멋진 웨어러블을 착용하고 불길에 뛰어들었는데 방화복이 불에 홀라당 타 버리면 어떡해?"

특수 방화복을 만드는 소재인 아라미드 섬유는 별명이 슈퍼 섬유일 정도야. 무려 철보다도 강력하다고!

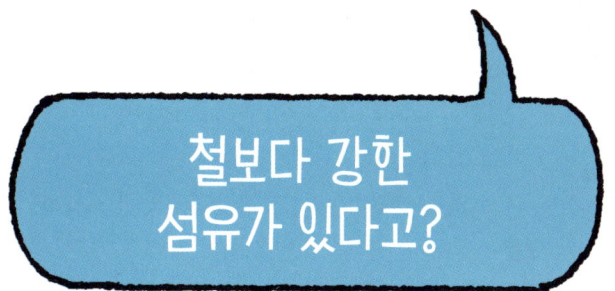

철과 섬유가 같은 두께일 때, 슈퍼 섬유는 철보다 5배 이상 강력해. 400도가 넘는 고온에서도 불에 타거나 손상되지 않을 정도로 열에 강하기 때문에 단연 철보다 강하다고 할 수 있지.

"슈퍼 섬유가 그렇게 강력하다면 방화복 안쪽에 여러 장치나 센서를 넣어도 안전하겠네!"

맞아. 실제로 체온이나 폐활량을 실시간으로 확인할 수 있는 센서가 내장되어 있어. 게다가 슈퍼 섬유는 웨어러블 로봇과 결합할 수 있으니 안성맞춤이지. 하지만 앞으론 이보다 더 강력한 소재도 등장할 거야!

웨어러블이 있다면
이제 끄지 못하는 불은 없을 거야!

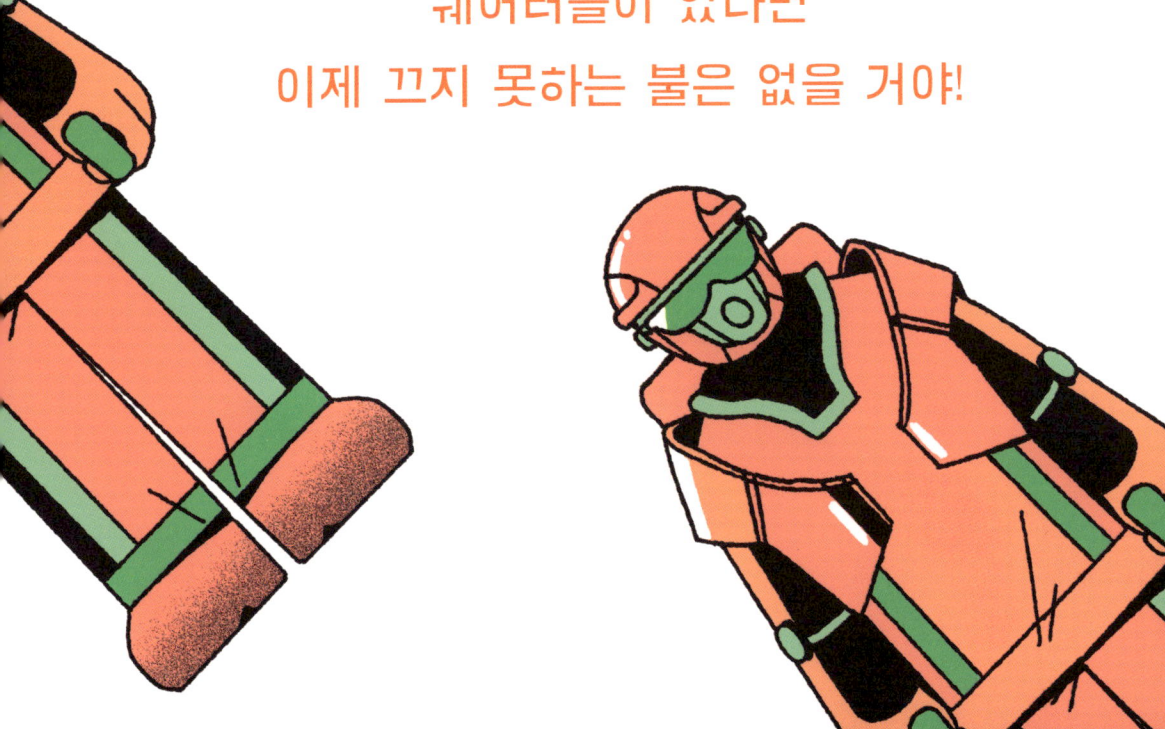

11
메타버스, 더 생생하게!

"너 오늘 평소보다 부쩍 즐거워 보인다? 무슨 신나는 일이라도 있어?"

사실 나 어제 북극에 다녀왔거든!

"뭐야? 이거 순 거짓말 아니야?"

거짓말이라니? 정말이야! **메타버스** 속 북극에 가서 북극곰이랑 실컷 춤췄다니까!

"진짜? 북극은 어때? 정말 온몸이 꽁꽁 얼어붙을 만큼 춥고, 춤추는 북극곰도 있어?"

당연하지! 북극은 어마어마하게 춥지만 정말 아름다워. 북극곰과 춤출 땐 환상적이더라.

"와, 부럽다!"

크크, 놀라지 마. 나 오늘 저녁에는 우주로 날아갈 생각이거든.

"뭐? 오늘은 우주에 간다고?"

그래. 그리고 내일은 조선 시대에 다녀오려고 해. 세종 대왕님과 이순신 장군님을 만나기로 약속했거든.

> 나도 갈래! 메타버스?
> 그 버스 어디서 타는 건데?

메타버스는 네가 생각하는 그런 버스가 아니야. 우리가 살아가는 이 세상을 초월한 또 하나의 가상 세계를 뜻하는 거야.

가상과 초월을 뜻하는 메타(Meta)와 세상, 세계를 뜻하는 유니버스(Universe)가 합쳐진 말이지.

현실 세계를 초월한 또 하나의 가상 세계
메타+유니버스=메타버스(Metaverse)

메타버스는 크게 네 가지로 나뉘어. 현실 삶을 사이버 공간에 그대로 옮겨 기록하는 라이프로그(Lifelog), 현실 세상을 똑같이 복사해 놓은 거울 세계(Mirror World) 그리고 가상 현실(VR, Virtual Reality)과 증강 현실(AR, Augmented Reality)이야.

우리 일상이 네가 착용한 웨어러블을 통해 데이터로 저장된다는 사실은 이제 잘 알고 있지?

"당연하지. 누구나 매 순간 데이터를 생산하며 살아가잖아."

그래. 네 말처럼 먹고 자고 숨 쉬는 매 순간이 라이프로그라는 메타버스에 데이터로 차곡차곡 쌓이고 있어. 네가 하루에도 수십 번씩 접속하는 SNS도 라이프로그의 한 종류라고 할 수 있지.

"그럼 거울 세계는 뭔데?"

거울은 세상을 있는 그대로 반영하는 물건이잖아? 축적

된 현실 데이터를 거울처럼 그대로 재현한 거지. GPS를 활용하는 내비게이션이 거울 세계의 대표적인 예시야. 네가 어디에 있는지 네가 가려는 장소는 어디인지, 실제 거리와 위치를 화면에 나타내잖아. 배달 앱으로 음식을 주문하면 스마트폰 화면으로 음식이 어디쯤 오고 있는지 파악할 수 있는 것도 모두 메타버스 덕분이라고 할 수 있어.

"메타버스 덕분에 삶이 점점 편리해지고 있구나! 그럼 가상 현실과 증강 현실은 뭐야?"

가상 현실과 증강 현실은 구분하기 어렵지만, 둘은 좀 달라. 가상 현실은 자신과 주변 환경 모두 현실이 아닌 가상의 이미지를 활용하거든. 증강 현실은 현실 모습에 가상 이미지를 겹쳐서 하나의 영상으로 보여주는 기술을 뜻해.

**가상 현실과 증강 현실,
매번 헷갈렸는데
정확히 어떤 점이 다른 걸까?**

게임으로 예를 들어 볼까? 가상 현실 게임에서는 나를 대신하는 가상 캐릭터가 가상의 공간에서 가상의 적과 대결을 펼치지. 나는 거대한 용이 될 수도 있고, 무시무시한 괴물이 될 수도 있어.

증강 현실 게임은 좀 달라. 실제 공간을 배경으로 현실의 '나'가 주인공이 되어 대결을 벌이지. 덕분에 증강 현실 게임은 가상 현실 게임보다 더 실제 같은 느낌이 나.

"그럼 스마트폰 카메라로 실제 공간을 이리저리 비추며 몬스터를 사냥하는 게임은 증강 현실 게임이겠네?"

그렇지. 실제 정보와 가상 정보를 합성해 보여 주는 것이 증강 현실 기술의 핵심이야. 카메라로 실제 얼굴을 촬영하면, 얼굴에 여러 효과를 입혀 다른 사람처럼 보이게끔 보정하는 앱 역시 넓은 의미에서 증강 현실인 셈이야.

"우아! 메타버스는 현실의 한계를 넘어 실제로 해낼 수 없는 것들을 가능하게 하는구나."

맞아. 네 말처럼 메타버스를 활용하면 지금 당장이라도 우주에 갈 수도 있고 과거로 갈 수도 있어.

> 그런데 아무리 비슷하다고 해도
> 진짜가 아닌데 진짜처럼 느껴질까?

더 실제처럼 느끼기 위해 필요한 것이 바로 웨어러블이야.

웨어러블은 메타버스를 실제만큼 생생하고 선명하게 느끼게 해 주거든. <u>스마트 고글</u>과 <u>스마트 장갑</u>을 대표적인 예로 들 수 있지.

이 웨어러블 스마트 고글을 쓰면 너도 순식간에 북극에 도착할 수 있어. 비행기보다도 훨씬 빠르지. 내가 순식간에 북극이나 우주에 갈 수 있던 것도 스마트 고글 덕분이야. 스마트 고글 디스플레이에 360도 영상을 재생하면 실제 그곳에 있는 것처럼 느낄 수 있거든.

"나도 써 볼래! 우아, 정말이네? 방금 북극에 도착했어!"

스마트 고글에 내장된 센서는 착용자의 움직임을 파악해. 착용자가 움직이는 방향에 맞춰 영상을 비추기 때문에 실제처럼 느껴지지.

"귀여운 아기 북극곰이 내 앞으로 오고 있어! 털이 복슬복슬 하얗고 부드러워. 하지만 코는 조금 딱딱한걸? 어쩜 감촉이 이렇게 생생할까?"

네가 햅틱 기술로 만든 스마트 장갑을 착용한 덕분이야.

햅틱 기술은 키보드나 마우스, 조이스틱, 터치스크린 같은 입력 장치를 통해 진동이나 힘, 충격을 전달하는 기술이야.

스마트 장갑의 손가락과 손바닥에는 각기 다른 진동을 느끼게 하는 햅틱 모터가 있어. 이 모터들이 작동하면서 다양한 진동 패턴을 만들어 내.

네가 북극곰의 부드러움을 느끼면서 딱딱함도 느낄 수 있는 건 장갑 속 모터가 만들어 내는 진동 패턴이 각기 다르기 때문이야. 그래서 이 장갑을 끼고 손을 뻗으면 그것만으로 섬세하고 생생한 촉감을 고스란히 느낄 수 있어.

"스마트 고글과 스마트 장갑 같은 웨어러블이 있으니 메타버스도 현실과 크게 다르지 않은 것 같아."

맞아. 웨어러블 기기만 있다면 언제, 어디로든 떠날 수 있어. 시각, 청각, 촉각, 후각 그리고 미각까지 생생한 메타버스 여행 시작!

12
몸속으로 들어간 초소형 말약

"이 강아지 며칠 전부터 거리를 헤매고 있어. 아무래도 주인을 잃어버린 것 같아. 눈동자도 슬퍼 보이고 힘도 없어 보여. 반려인도 상심이 클 것 같은데 좋은 방법 없을까?"

우리가 반려인을 찾아줄까?

"어떻게?"

강아지 목덜미 부근에 내장형 웨어러블 마이크로칩이 삽입되어 있다면 쉽게 찾을 수 있어. 스캐너로 칩을 인식하면 강아지 정보는 물론이고 반려인의 연락처도 파악할 수 있을 거야.

"강아지 몸속에 칩이 들어 있다고?"

그래. 쌀 한 톨만큼 작은 내장형 마이크로칩이 목덜미 부근 근육과 피부 사이에 들어 있어.

어떻게 그런 일이 가능하지?
몸속에서 칩이 사라지거나
깨져 버리면 어떡해?

그런 일은 잘 일어나지 않을 거야. 몸속에 넣는 웨어러블은 <u>바이오글라스</u>라는 소재로 만들어졌거든.

바이오글라스는 생체와의 친화성이 좋아 인공 뼈나 인공 치아를 만드는 데 쓰는 소재야.

손상된 생체 조직을 회복시켜 주거나 보완할 수 있고, 생체에 삽입하더라도 거부 반응이 잘 일어나지 않아. 몸속에서 깨지거나 잘 손상되지 않고, 표면에 특수 처리를 하면 몸속에서 움직이는 것을 미리 방지할 수도 있어.

"와, 그런 소재가 있다니 놀라운데? 동물은 물론이고 인간에게도 꼭 필요한 장비 같아. 특히 노인이나 어린이에게 유용하지 않을까?"

체내에 이식하는 의료 장비는 이전부터 있었어. 심장병 환자를 위한 인공 심장 박동기나 청각 장애인이 소리를 듣도록 돕는 인공 와우 같은 것 말이야.

어떤 사람들은 사람의 몸에도 전자 칩을 이식할 수 있다면 아주 유용할 것이라고 주장하기도 해.

뭐라고? 우리 몸에 전자 칩을?

혹시 베리 칩이라는 걸 들어 본 적 있어?

베리 칩이란 베리피케이션 칩(Verification chip)의 줄임말인데, 주사기로 간단하게 인체에 주입할 수 있고 별도의 제거 수술 없이는 영원히 몸속에 남아 있어. 한마디로 몸속에 넣는 전자 신분증인 셈이지.

> 베리 칩을 삽입하면 어떻게 되는데?

이름이나 나이, 연락처 같은 신상 정보를 빠르게 확인하고 파악할 수 있지. 무선 송수신 장치로 실종된 사람의 위치를 추적할 수도 있어.

그 외에도 질병이나 건강상의 특이점을 함께 입력해 두면 비상시 유용하게 활용할 수 있겠지?

누군가 길에서 의식을 잃고 쓰러졌다면 베리 칩을 스캔해서 어디 사는 누구인지, 어떤 질병을 앓는지 알 수 있어. 그럼 상황을 빠르게 파악해 대처할 수 있겠지.

베리 칩에 건강 이상을 감지하는 센서를 삽입하면 신체 기능에 갑자기 문제가 생겼을 때 스마트폰이나 스마트 워치에 긴급 알림이 울리도록 설정해 둘 수도 있어.

또 **생체 인식 기술**을 적용하면 비밀번호나 스마트 키 없이 집이나 자동차 문을 열 수도 있고, 신용카드 기능을 칩에 내장하면 물건을 살 때 바로 계산할 수도 있어.

"듣고 보니 정말 편할 것 같아. 그런데 생체 인식 기술이 뭔지 아직 잘 모르겠어."

생체 인식 기술은 스마트폰 잠금을 해제하는 얼굴 인식 기능이나, 지문 인식 기능처럼 한 사람의 고유한 정보를 읽어 내는 기술을 말해.

과거에는 사람을 구별하는 가장 확실한 특징이 지문뿐이라고 생각했어. 하지만 지금은 홍채와 입술 무늬, 걸음걸이

나 손등의 정맥 등 인간에게 유일한 신체적 특징이 많다는 걸 알게 되었지. 앞으로는 생체 인식 기술도 점점 더 발전할 거야. 예전부터 사용해 왔던 비밀번호 같은 건 곧 사라져 버릴지도 몰라. 그 어떤 복잡한 비밀번호도 한 사람만의 특징보다 유일할 수는 없으니까 말이야.

"와, 인체에 이식하는 웨어러블이라니! 게다가 생체 인식 기술도 점점 더 발전한다는 이야기를 들으니 다가올 미래가 점점 더 궁금해지는데?"

이 정도로 신기해하긴 아직 일러. 베리 칩처럼 몸속에 넣을 수 있는 웨어러블의 종류도 점점 많아지고 있거든!

스마트 필(Smart pill)은 몸속에 넣을 수 있는 아주아주 작은 웨어러블 컴퓨터야. 초소형 전자 알약인 셈이지.

스마트 필에는 약 성분뿐만 아니라 카메라와 센서 같은 반도체도 함께 들어 있어. 몸속에 약품을 주입하는 것은 물론이고, 질병 부위를 촬영해 전송해 주기 때문에 치유가 잘 되고 있는지 알 수 있어. 또 몸속 이곳저곳 살펴보면서 다른 질병을 예방하기도 하지.

"오호, 아주 작은 내시경인 셈이네?"

> 알약처럼 작은 캡슐에 어떻게 카메라를 넣을 수 있을까?

멤스(MEMS, Micro-Electro Mechanical System) 기술이 있다면 가능해. 초소형 정밀 기계 제조 기술이라고도 부르지. 현미경으로 보지 않으면 알아볼 수 없을 정도로 미세한 기계를 만드는 기술이야.

멤스 기술로 만든 초소형 정밀 기계는 작지만 복잡한 동작이 가능해. 아주 작은 배터리만으로도 움직일 수 있어.

"옷이나 시계, 고글처럼 착용하는 컴퓨터가 웨어러블의 전부인 줄 알았는데, 몸속에 넣을 수도 있다니! 웨어러블의 한계는 어디까지일까?"

한계는 없어! 우리가 꿈꾸는 미래가 있는 한 그 꿈을 이뤄 줄 과학 기술은 지금 이 순간에도 발전하고 있으니까!

작가의 말

　스마트 시티에 살고, 스마트 카를 타고, 스마트 팩토리에서 생산한 제품을 사용하고, 스마트 팜에서 재배한 먹거리를 먹고 살아갈 어린이 여러분! 모든 것이 스마트해지는 지금, 여러분은 어떤 준비를 하고 있나요?

　스마트한 환경이 갖춰졌다면 사람도 스마트해져야 해요. 이처럼 컴퓨터로 모든 것이 연결된 스마트 시대에 딱 맞는 것이 바로 웨어러블이에요. 이제 우리는 컴퓨터를 옷처럼 입고, 신발처럼 신고, 모자처럼 쓰면서 세상의 중심에 서게 될 거예요. 웨어러블 컴퓨터와 함께라면 더 강해지고, 더 빨라지고, 더 정확해질 수 있어요.

"엄마! 스마트 워치에서 바이오 경보음이 울렸어."
"스마트폰으로 AI 의사에게 신체 데이터를 보내."
"급하니까 비행 슈트부터 챙겨. 얼른 입고 병원까지 날아가자!"
"스마트 알약 먹었으니까 곧 초소형 카메라가 네 배 속을 촬영할 거야."

우리 삶을 어마어마하게 바꾸어 놓을 웨어러블! 웨어러블 속 과학을 알면 현재를 더 현명하게 누리고, 미래를 더 선명하게 예측할 수 있어요. 이 책이 그 첫걸음이 되었으면 좋겠어요.

장예진

비행 슈트

ⓒ 장예진・상상주아, 2023

초판 1쇄 인쇄일 2023년 11월 1일
초판 1쇄 발행일 2023년 11월 15일

지은이 장예진
그린이 상상주아
펴낸이 정은영
편집 서효원 정사라 윤채완
디자인 이도이
마케팅 이언영 연병선 한정우 최문실 윤선애
제작 홍동근

펴낸곳 (주)자음과모음
출판등록 2001년 11월 28일 제2001-000259호
주소 (10881) 경기도 파주시 회동길 325-20
전화 편집부 02) 324-2347 경영지원부 02) 325-6047
팩스 편집부 02) 324-2348 경영지원부 02) 2648-1311
E-mail jamoteen@jamobook.com

ISBN 978-89-544-4974-8 (74500)
      978-89-544-4973-1 (set)

잘못된 책은 구매처에서 교환해 드립니다.